工会法学习百问百答

中国法制出版社

目　录

第一章　总　则

第二章　工会组织

第三章　工会的权利和义务

第四章 基层工会组织

第五章　工会的经费和财产

第六章 法律责任

第一章 总 则

1.《工会法》的意义和作用是什么?

《工会法》是明确工会法律地位和工作职责的重要法律，是工会组织依法开展工作的重要制度保障。《工会法》的实施为各级工会履行团结引导职工群众听党话跟党走的政治责任提供了有力法治保障，在发挥工会职能作用、维护职工合法权益、构建和谐劳动关系等方面起到了有力的推动作用，总体上适应经济社会发展需要。

2. 现行《工会法》是什么时间公布施行的?经历了几次修正?

现行《工会法》于 1992 年 4 月 3 日由第

七届全国人民代表大会第五次会议通过，并公布施行，2001年10月27日、2009年8月27日、2021年12月24日进行了三次修正。

2021年12月24日，第十三届全国人民代表大会常务委员会第三十二次会议通过《关于修改〈中华人民共和国工会法〉的决定》，自2022年1月1日起施行。

3. 为什么要修改《工会法》？

党的十八大以来，党和国家事业取得历史性成就、发生历史性变革，对工会工作提出了新要求。习近平新时代中国特色社会主义思想已经写入党章、宪法，成为党和国家长期坚持的指导思想，也是工会组织和工会工作必须长期坚持的指导思想。习近平总书记对坚持党对工会工作的领导提出明确要求，指出工会要认真履行维护职工合法权益、竭诚服务职工群众的基本职责，构建联系广泛、服务职工的工会工作体系，切实保持和增强政治性、先进性、群众性。各级工会在推进产业工人队伍建设改革和工会改革中也积累了宝贵经验。有必要通过修改《工会法》，贯彻落实党中央决策部署和习近平总书记重要指示精神，及时将行之有效的经验做法上升为法律规定。

4.《工会法》的立法依据是什么？

《工会法》第一条规定，为保障工会在国家政治、经济和社会生活中的地位，确定工会的权利与义务，发挥工会在社会主义现代化建设事业中的作用，根据宪法，制定本法。

由此可见，《工会法》的立法依据是宪法。宪法是我国的根本大法，规定了国家的根本制度和根本任务。宪法具有最高的法律效力，是一切法律制定的依据，一切法律都不得同宪法相抵触。宪法规定了中华人民共和国是工人阶级领导的、以工农联盟为基础的人民民主专政国家；规定了国家在社会主义初级阶段，坚持公有制为主体、多种所有制经济共同发展的基本经济制度；规定了国有企业、集体经济组织的权利以及公民的基本权利；等等。

宪法一系列的规定，是制定《工会法》的立法依据和基础。《工会法》以宪法为依据，对职工的结社权利、工会组织、工会的基本权利和义务、工会与社会各方面的关系等方面作出了全面具体的规定，对保障工人群众的合法权益、全面推进依法治国、建设社会主义法治国家有着重要的意义。

5. 制定或者修改《中国工会章程》的主体和基本原则是什么？

《工会法》第四条规定，工会会员全国代表大会制定或者修改《中国工会章程》，章程不得与宪法和法律相抵触。

《中国工会章程》是规定中国工会内部关系的基本规范，包括工会的性质、任务和活动方针，会员的条件和权利、义务，工会的组织原则和制度以及全国组织、地方组织、基层组织的职权和任务等。由于上述问题是整个工会组织内部的重大问题，故制定和修改《中国工会章程》的权限只能由工会会员全国代表大会行使，并且要依照一定的民主程序进行。现行《中国工会章程》于2018年10月26日中国工会第十七次全国代表大会通过。

6. 我国工会的性质是什么？工会组织代表谁的利益？

《工会法》第二条规定，工会是中国共产党领导的职工自愿结合的工人阶级群众组织，是中国共产党联系职工群众的桥梁和纽带。中华全国总工会及其各工会组织代表职工的利益，依法维护职工的合法权益。

2021年修正的《工会法》突出坚持党的领导。第二条第一款明确规定，工会的性质是中国共产党领导的职工自愿结合的工人阶级的群众组织，是中国共产党联系职工群众的桥梁和纽带，应当保持和增强政治性、先进性、群众性，建立联系广泛、服务职工的工会工作体系。《中国工会章程》总则规定，中国工会是中国共产党领导的职工自愿结合的工人阶级群众组织，是党联系职工群众的桥梁和纽带，是国家政权的重要社会支柱，是会员和职工利益的代表。

由此可见，工会的性质主要体现在以下几个方面：

一是政治性。工会要坚持自觉接受中国共产党的领导，承担团结引导职工群众听党话、跟党走的政治责任，巩固和扩大党执政的阶级基础和群众基础。

二是先进性。工人阶级是先进生产力和生产关系的代表，工会的先进性不仅表现为参加工会组织的是工人阶级中的分子，而且表现为工会是按照工人阶级的特性组织起来，开展活动的。

三是群众性。工会是工人阶级的群众组织，拥有广大的职工群众。工会会员具有广泛性，只要是工人群众自愿加入工会，遵守章程，履行一定的义务，就可以成为工会会员。

四是自愿性。结社自由是宪法规定的公民的基本权利。工会是社会团体，也必须遵守这一原则。《工会法》规定工会是职工自愿结合的组织，是按照自愿原则由职工参加或组织起来的。这体现在职工参加工会与否，是每个职工的自由权利，任何组织和个人不得强迫职工加入工会或者不加入工会。

7. 工人阶级的性质是什么？

《中国工会章程》总则规定，工人阶级是我国的领导阶级，是先进生产力和生产关系的代表，是中国共产党最坚实最可靠的阶级基础，是改革开放和社会主义现代化建设的主力军，是维护社会安定的强大而集中的社会力量。

8. 工会会徽是怎样的？

《中国工会章程》第四十二条规定，中国

工会会徽，选用汉字“中”“工”两字，经艺术造型呈圆形重叠组成，并在两字外加一圆线，象征中国工会和中国工人阶级的团结统一。会徽的制作标准，由中华全国总工会规定。

2019 年 4 月 19 日，中华全国总工会办公厅发布《关于中国工会会徽制作使用的若干规定》，对工会会徽的制作标准作出了具体规定。

《关于中国工会会徽制作使用的若干规定》第二条规定，中国工会会徽是中国工会的象征和标志。工会各级组织和每一名会员，应当尊重和爱护会徽。第四条规定，为保持会徽的严肃性，会徽须按中华全国总工会规定的标准制作。会徽为圆形，直径为 20A（A 为长度单位）的会徽，“中”“工”两字笔画宽度为 1.4A，两字外圆线宽度为 0.3A，“工”字与“中”字之间、“中”字与外圆之间的间距为 1.25A，“工”字上下半圆形之间的间距为 1.5A。会徽底色为红色，艺术字造型及外圆线为金黄色，颜色标准为：红色（C0、M100、Y100、K10）；金黄色

（C0、M10、Y100、K0）。在实际应用中，可根据不同场合需要按规定确定尺寸，但不得改变颜色、比例关系。

9. 工会会徽可以用于什么地方？

《中国工会章程》第四十三条规定，中国工会会徽，可在工会办公地点、活动场所、会议会场悬挂，可作为纪念品、办公用品上的工会标志，也可以作为徽章佩戴。

《关于中国工会会徽制作使用的若干规定》第五条规定了中国工会会徽的使用范围：（1）工会办公地点、活动场所、服务阵地；（2）召开中国工会全国代表大会、执委会议和地方各级工会代表大会、工会委员会全体会议等重要会议，工会重大活动；（3）各级工会组织颁发的奖状、证书和其他荣誉性文书、证件；（4）工会报刊和出版物、新媒体文化产品、网站。除上述情况外，使用会徽及其图案须经县级和县级以上工会组织批准。

第六条规定，会徽可制作成徽章，供工会会员和工会干部佩戴，直径为25毫米。徽章金黄色部分采用“浮雕”手法，字面凸起，呈现立体感。

第七条规定，悬挂会徽，应当置于显著位置。使用会徽及其图案，应当严肃、庄重。

第八条规定，各级工会不得使用破损、污损、褪色或不符合制作规定的会徽。第九条规定，会徽及其图案不得用于或者变相用于商标、商业广告、商业活动等场合。

10. 哪些单位可以组织工会？

《工会法》第三条规定，在中国境内的企业、事业单位、机关、社会组织中以工资收入为主要生活来源的劳动者，不分民族、种族、性别、职业、宗教信仰、教育程度，都有依法参加和组织工会的权利。

2021年修正的《工会法》扩大了基层工会组织的覆盖面，明确规定社会组织中的劳动者有依法参加和组织工会的权利，将工会组织以及工会工作的覆盖面由“企业、事业单位、机关”扩展为“企业、事业单位、机关、社会组织”。

虽然《工会法》的适用范围包括机关，但就《工会法》的内容来说，能够适用于机关工会的规定不多，因此《工会法》第五十七条授权中华全国总工会会同有关国家机关制定机关工会实施本法的具体办法。本法中不适用于机关的一些规定，尤其是有些条文明确规定了适用于企业、事业单位、社会组织的，在制定实施办法时也不能再扩大到机关。

11. 哪些人可以参加工会?

《工会法》第三条规定，在中国境内的企业、事业单位、机关、社会组织中以工资收入为主要生活来源的劳动者，不分民族、种族、性别、职业、宗教信仰、教育程度，都有依法参加和组织工会的权利。任何组织和个人不得阻挠和限制。

《中国工会章程》第一条规定，凡在中国境内的企业、事业单位、机关和其他社会组织中，以工资收入为主要生活来源或者与用人单位建立劳动关系的体力劳动者和脑力劳动者，不分民族、种族、性别、职业、宗教信仰、教育程度，承认工会章程，都可以加入工会为会员。

12. 职工如何加入工会？

《中国工会章程》第二条规定，职工加入工会，由本人自愿申请，经工会基层委员会批准并发给会员证。

13. 工会会员享有哪些权利？

根据《中国工会章程》第三条的规定，会员享有以下权利：

（1）选举权、被选举权和表决权。

（2）对工会工作进行监督，提出意见和建议，要求撤换或者罢免不称职的工会工作人员。

（3）对国家和社会生活问题及本单位工作提出批评与建议，要求工会组织向有关方面如实反映。

（4）在合法权益受到侵犯时，要求工会给予保护。

（5）工会提供的文化、教育、体育、旅游、疗休养、互助保障、生活救助、法律服务、就业服务等优惠待遇；工会给予的各种奖励。

（6）在工会会议和工会媒体上，参加关于工会工作和职工关心问题的讨论。

14. 工会会员应当履行哪些义务？

根据《中国工会章程》第四条的规定，会员履行下列义务：

（1）认真学习贯彻习近平新时代中国特色社会主义思想，学习政治、经济、文化、法律、科学、技术和工会基本知识等。

（2）积极参加民主管理，努力完成生产和工作任务，立足本职岗位建功立业。

（3）遵守宪法和法律，践行社会主义核心价值观，弘扬中华民族传统美德，恪守社会公德、职业道德、家庭美德、个人品德，遵守劳动纪律。

（4）正确处理国家、集体、个人三者利益关系，向危害国家、社会利益的行为作斗争。

（5）维护中国工人阶级和工会组织的团结统一，发扬阶级友爱，搞好互助互济。

（6）遵守工会章程，执行工会决议，参加工会活动，按月交纳会费。

15. 工会开展工作的基本原则和指导思想是什么？

《工会法》第四条规定，工会必须遵守和维护宪法，以宪法为根本的活动准则，以经济建设为中心，坚持社会主义道路，坚持人民民主专政，坚持中国共产党的领导，坚持马克思列宁主义、毛泽东思想、邓小平理论、“三个代表”重要思想、科学发展观、习近平新时代中国特色社会主义思想，坚持改革开放，保持和增强政治性、先进性、群众性，依照工会章程独立自主地开展工作。

2021年修正的《工会法》完善了《工会法》和工会工作的指导思想，明确将习近平新时代中国特色社会主义思想同马克思列宁主义、毛泽东思想、邓小平理论、“三个代表”重要思想、科学发展观一道，确立为《工会法》和工会工作的指导思想。

《中国工会章程》总则规定，中国工会以宪法为根本活动准则，按照《工会法》和本章程独立自主地开展工作，依法行使权利和履行义务。中国工会高举中国特色社会主义伟大旗帜，以马克思列宁主义、毛泽东思想、邓小平理论、“三个代表”重要思想、科学发展观、习近平新时代中国特色社会主义思想为指导，贯彻执行党的以经济建设为中心，坚持四项基本原则，坚持改革开放的基本路线，保持和增强政治性、先进性、群众性，坚定不移地走中国特色社会主义工会发展道路，推动党的全心全意依靠工人阶级的根本指导方针的贯彻落实，全面履行工会的社会职能，在维护全国人民总体利益的同时，更好地表达和维护职工的具体利益，团结和动员全国职工自力更生、艰苦创业，坚持和发展中国特色社会主义，为全面建成小康社会、把我国建设成为富强民主文明和谐美丽的社会主义现代化强国、实现中华民族伟大复兴的中国梦而奋斗。中国工会坚持自觉接受中国共产党的领导，承担团结引导职工群众听党话、跟党走的政治责任，巩固和扩大党执政的阶级基础和群众基础。

16. 工会坚持怎样的工作方针和维权观？

《中国工会章程》总则规定，中国工会以忠诚党的事业、竭诚服务职工为己任，坚持组织起来、切实维权的工作方针，坚持以职工为本、主动依法科学维权的维权观，促进完善社会主义劳动法律，维护职工的经济、政治、文化和社会权利，参与协调劳动关系和社会利益关系，推动构建和谐劳动关系，促进经济高质量发展和社会的长期稳定，维护工人阶级和工会组织的团结统一，为构建社会主义和谐社会作贡献。

17. 工会坚持怎样的工作体系？

《中国工会章程》总则规定，中国工会坚持以改革创新精神加强自身建设，构建联系广泛、服务职工的工作体系，增强团结教育、维护权益、服务职工的功能，坚持群众化、民主化，保持同会员群众的密切联系，依靠会员群众开展工会工作。各级工会领导机关坚持把工作重点放到基层，着力扩大覆盖面、增强代表性，着力强化服务意识、提高维权能力，着力加强队伍建设、提升保障水平，坚持服务职工群众的工作生命线，全心全意为基层、为职工服务，构建智慧工会，增强基层工会的吸引力凝聚力战斗力，把工会组织建设得更加充满活力、更加坚强有力，成为深受职工群众信赖的学习型、服务型、创新型“职工之家”。

18. 工会的作用和意义是什么？

《工会法》第三条规定，工会适应企业组织形式、职工队伍结构、劳动关系、就业形态等方面的发展变化，依法维护劳动者参加和组织工会的权利。此条是2021年修正的《工会法》落实党中央对工会改革的新要求新增的规定，明确了新就业形态劳动者参加和组织工会的权利，有利于保障货车司机、网约车司机、快递员、外卖配送员等新就业形态劳动者的合法权益。

第五条规定，工会组织和教育职工依照宪法和法律的规定行使民主权利，发挥国家主人翁的作用，通过各种途径和形式，参与管理国家事务、管理经济和文化事业、管理社会事务；协助人民政府开展工作，维护工人阶级领导的、以工农联盟为基础的人民民主专政的社会主义国家政权。

19. 工会的基本职责和任务是什么？

根据《工会法》第六条至第八条的规定，工会的基本职责是维护职工合法权益、竭诚服务职工群众。2021年修正的《工会法》完善了工会的基本职责，将工会的基本职责由“维护职工合法权益”扩展为“维护职工合法权益、竭诚服务职工群众”。同时，在第六条增加规定工会组织职工参与本单位的民主选举、民主协商，新增第八条关于产业工人队伍建设的规定，体现了中央对产业工人队伍建设改革的新要求。

工会的基本任务包括以下几点：

（1）工会在维护全国人民总体利益的同时，代表和维护职工的合法权益。

（2）工会通过平等协商和集体合同制度等，推动健全劳动关系协调机制，维护职工劳动权益，构建和谐劳动关系。

（3）工会依照法律规定通过职工代表大

会或者其他形式，组织职工参与本单位的民主选举、民主协商、民主决策、民主管理和民主监督。

（4）工会建立联系广泛、服务职工的工会工作体系，密切联系职工，听取和反映职工的意见和要求，关心职工的生活，帮助职工解决困难，全心全意为职工服务。

（5）工会动员和组织职工积极参加经济建设，努力完成生产任务和工作任务。教育职工不断提高思想道德、技术业务和科学文化素质，建设有理想、有道德、有文化、有纪律的职工队伍。

（6）工会推动产业工人队伍建设改革，提高产业工人队伍整体素质，发挥产业工人骨干作用，维护产业工人合法权益，保障产业工人主人翁地位，造就一支有理想守信念、懂技术会创新、敢担当讲奉献的宏大产业工人队伍。

20. 工会如何不断发展工人阶级先进性？

《中国工会章程》总则规定，中国工会按照中国特色社会主义事业“五位一体”总体布局和“四个全面”战略布局，贯彻创新、协调、绿色、开放、共享的发展理念，把握为实现中华民族伟大复兴的中国梦而奋斗的工人运动时代主题，弘扬劳模精神、劳动精神、工匠精神，动员和组织职工积极参加建设和改革，努力促进经济、政治、文化、社会和生态文明建设；代表和组织职工参与国家和社会事务管理，参与企业、事业单位和机关的民主管理；教育职工践行社会主义核心价值观，不断提高思想道德素质、科学文化素质和技术技能素质，推进产业工人队伍建设改革，建设有理想、有道德、有文化、有纪律的职工队伍，不断发展工人阶级先进性。

21. 工会如何巩固和发展工农联盟？如何坚持最广泛的爱国统一战线？

《中国工会章程》总则规定，中国工会努力巩固和发展工农联盟，坚持最广泛的爱国统一战线，加强包括香港特别行政区同胞、澳门特别行政区同胞、台湾同胞和海外侨胞在内的全国各族人民的大团结，促进祖国的统一、繁荣和富强。

22. 工会对外开展国际合作的原则是什么？

参加国际工会活动，是工会的一项重要工作。《工会法》第九条规定，中华全国总工会根据独立、平等、互相尊重、互不干涉内部事务的原则，加强同各国工会组织的友好合作关系。《中国工会章程》总则规定，中国工会在国际事务中坚持独立自主、互相尊重、求同存异、加强合作、增进友谊的方针，在独立、平等、互相尊重、互不干涉内部事务的原则基础上，广泛建立和发展同国际和各国工会组织的友好关系，积极参与“一带一路”建设，增进我国工人阶级同各国工人阶级的友谊，同全世界工人和工会一起，在推动构建人类命运共同体中发挥作用，为世界的和平、发展、合作、工人权益和社会进步而共同努力。

23. 工会如何全面加强党的建设？

《中国工会章程》总则规定，中国工会落实新时代党的建设总要求，以党的政治建设为统领，全面加强党的建设，增强政治意识、大局意识、核心意识、看齐意识，坚定道路自信、理论自信、制度自信、文化自信，坚决维护习近平总书记党中央的核心、全党的核心地位，坚决维护党中央权威和集中统一领导，在思想上政治上行动上同以习近平同志为核心的党中央保持高度一致。

第二章　工会组织

24. 工会各级组织的建立原则是什么?

《工会法》第十条规定，工会各级组织按照民主集中制原则建立。这一原则体现了中国工会作为工人阶级的群众组织的性质，体现了中国共产党领导下的中国工会的根本特征。民主集中制是在民主的基础上实行集中。工会的一切组织和会员都必须按照这个根本原则进行活动。

25. 民主集中制的主要内容有哪些?

根据《中国工会章程》第九条的规定，中国工会实行民主集中制，主要内容如下：

（1）个人服从组织，少数服从多数，下级组织服从上级组织。

（2）工会的各级领导机关，除它们派出的代表机关外，都由民主选举产生。

（3）工会的最高领导机关，是工会的全国代表大会和它所产生的中华全国总工会执行委员会。工会的地方各级领导机关，是工会的地方各级代表大会和它所产生的总工会委员会。

（4）工会各级委员会，向同级会员大会或者会员代表大会负责并报告工作，接受会员监督。会员大会和会员代表大会有权撤换或者罢免其所选举的代表和工会委员会组成人员。

（5）工会各级委员会，实行集体领导和分工负责相结合的制度。凡属重大问题由委员会民主讨论，作出决定，委员会成员根据集体的决定和分工，履行自己的职责。

（6）工会各级领导机关，加强对下级组织的领导和服务，经常向下级组织通报情况，听取下级组织和会员的意见，研究和解决他们提出的问题。下级组织应及时向上级组织请示报告工作。

26. 各级工会委员会的选举有哪些要求？

《工会法》第十条规定，各级工会委员会由会员大会或者会员代表大会民主选举产生。企业主要负责人的近亲属不得作为本企业基层工会委员会成员的人选。

《中国工会章程》第十条规定，工会各级代表大会的代表和委员会的产生，要充分体现选举人的意志。候选人名单，要反复酝酿，充分讨论。选举采用无记名投票方式，可以直接采用候选人数多于应选人数的差额选举办法进行正式选举，也可以先采用差额选举办法进行预选，产生候选人名单，然后进行正式选举。任何组织和个人，不得以任何方式强迫选举人选举或不选举某个人。

27. 工会的组织领导原则是什么？

《中国工会章程》第十一条规定，中国工会实行产业和地方相结合的组织领导原则。同一企业、事业单位、机关和其他社会组织中的会员，组织在一个工会基层组织中；同一行业或者性质相近的几个行业，根据需要建立全国的或者地方的产业工会组织。除少数行政管理体制实行垂直管理的产业，其产业工会实行产业工会和地方工会双重领导，以产业工会领导为主外，其他产业工会均实行以地方工会领导为主，同时接受上级产业工会领导的体制。各产业工会的领导体制，由中华全国总工会确定。

省、自治区、直辖市，设区的市和自治州，县（旗）、自治县、不设区的市建立地方总工会。地方总工会是当地地方工会组织和产业工会地方组织的领导机关。全国建立统一的中华全国总工会。中华全国总工会是各级地方总工会和各产业工会全国组织的领导机关。

中华全国总工会执行委员会委员和产业工会全国委员会委员实行替补制，各级地方总工会委员会委员和地方产业工会委员会委员，也可以实行替补制。

28. 上级工会如何审批、指导基层工会、地方各级总工会、全国或者地方产业工会组织的建立?

《工会法》第十二条规定，基层工会、地方各级总工会、全国或者地方产业工会组织的建立，必须报上一级工会批准。上级工会可以派员帮助和指导企业职工组建工会，任何单位和个人不得阻挠。

根据《工会法》的规定，基层工会、地方各级总工会、全国产业工会和地方各级产业工会组织的建立均需要报上一级工会批准。工会是从全国到基层的有组织的群众团体，这样的独立的群众团体，一方面要在政治上同党中央保持一致，坚持正确的政治方向；另一方面要按照自己的特点和广大会员职工的愿望、要求独立自主地开展工作。这就要求有组织上的保证，加强工会的统一领导。《工会法》的上述规定，体现了工会的领导体制，保证了我国工会组织的统一性和惟一性。

29. 如何对各级工会委员会进行监督?

《工会法》第十条规定，各级工会委员会向同级会员大会或者会员代表大会负责并报告工作，接受其监督。工会会员大会或者会员代表大会有权撤换或者罢免其所选举的代表或者工会委员会组成人员。上级工会组织领导下级工会组织。

30. 基层工会组织设立的条件是什么?

《工会法》第十一条规定，用人单位有会员 25 人以上的，应当建立基层工会委员会；不足 25 人的，可以单独建立基层工会委员会，也可以由两个以上单位的会员联合建立基层工会委员会，也可以选举组织员 1 人，组织会员开展活动。女职工人数较多的，可以建立工会女职工委员会，在同级工会领导下开展工作；

女职工人数较少的，可以在工会委员会中设女职工委员。

《中国工会章程》第二十五条规定，企业、事业单位、机关和其他社会组织等基层单位，应当依法建立工会组织。社区和行政村可以建立工会组织。从实际出发，建立区域性、行业性工会联合会，推进新经济组织、新社会组织工会组织建设。有会员25人以上的，应当成立工会基层委员会；不足25人的，可以单独建立工会基层委员会，也可以由两个以上单位的会员联合建立工会基层委员会，也可以选举组织员或者工会主席1人，主持基层工会工作。工会基层委员会有女会员10人以上的建立女职工委员会，不足10人的设女职工委员。

31. 哪些乡镇、街道可以建立工会？

《工会法》第十一条规定，企业职工较多的乡镇、城市街道，可以建立基层工会的联合会。根据《中国工会章程》第二十二条的规定，县和城市的区可在乡镇和街道建立乡镇工会和街道工会组织，具备条件的，建立总工会。

32. 不同的行业可以建立产业工会吗？

并非只有同一行业才能建立产业工会，性质相近的几个行业，根据需要也可以建立产业工会。《工会法》第十一条规定，同一行业或者性质相近的几个行业，可以根据需要建立全国的或者地方的产业工会。

33. 产业工会全国组织如何建立？有哪些职权？

《中国工会章程》第二十一条规定，产业工会全国组织的设置，由中华全国总工会根据需要确定。产业工会全国委员会的建立，经中华全国总工会批准，可以按照联合制、代表制原则组成，也可以由产业工会全国代表大会选举产生。全国委员会每届任期五年。任期届满，应当如期召开会议，进行换届选举。在特殊情况下，经中华全国总工会批准，可以提前或者延期举行。

产业工会全国代表大会和按照联合制、代表制原则组成的产业工会全国委员会全体会议的职权是：审议和批准产业工会全国委员会的工作报告；选举产业工会全国委员会或者产业工会全国委员会常务委员会。独立管理经费的产业工会，选举经费审查委员会，并向产业工会全国代表大会或者委员会全体会议报告工作。产业工会全国委员会常务委员会由主席一人、副主席若干人、常务委员若干人组成。

34. 经费审查委员会如何产生？如何开展工作？

《中国工会章程》第十三条规定，各级工会代表大会选举产生同级经费审查委员会。中华全国总工会经费审查委员会设常务委员会，省、自治区、直辖市总工会经费审查委员会和独立管理经费的全国产业工会经费审查委员会，应当设常务委员会。经费审查委员会负责审查同级工会组织及其直属企业、事业单位的经费收支和资产管理情况，监督财经法纪的贯彻执行和工会经费的使用，并接受上级工会经费审查委员会的指导和监督。工会经费审查委员会向同级会员大会或会员代表大会负责并报告工作；在大会闭会期间，向同级工会委员会负责并报告工作。

上级经费审查委员会应当对下一级工会及其直属企业、事业单位的经费收支和资产管理情况进行审查。

中华全国总工会经费审查委员会委员实行替补制，各级地方总工会经费审查委员会委员和独立管理经费的产业工会经费审查委员会委员，也可以实行替补制。

35. 女职工委员会如何产生？如何开展工作？

《中国工会章程》第十四条规定，各级工会建立女职工委员会，表达和维护女职工的合法权益。女职工委员会由同级工会委员会提名，在充分协商的基础上组成或者选举产生，女职工委员会与工会委员会同时建立，在同级工会委员会领导下开展工作。企业工会女职工委员会是县或者县以上妇联的团体会员，通过县以上地方工会接受妇联的业务指导。

36. 工会组织在什么情况下可以撤销？

任何社会团体一经依法成立后，法律就保护其合法的权益。同样，工会是依法建立的社会团体，法律也保护其合法权益。所以《工会法》明确规定任何组织和个人不得随意撤销、合并工会组织。但是，由于企业关闭、合并或者破产及其他情况导致企业终止，以及机关、事业单位被撤销，使基层工会组织失去了存在的基础，基层工会组织也就相应撤销，基层工会组织撤销时，应当依法报告上一级工会进行备案。

《工会法》第十三条规定，任何组织和个人不得随意撤销、合并工会组织。基层工会所在的用人单位终止或者被撤销，该工会组织相应撤销，并报告上一级工会。

《中国工会章程》第十六条规定，成立或者撤销工会组织，必须经会员大会或者会员代表大会通过，并报上一级工会批准。工会基层组织所在的企业终止，或者所在的事业单位、机关和其他社会组织被撤销，该工会组织相应撤销，并报上级工会备案。其他组织和个人不得随意撤销工会组织，也不得把工会组织的机构撤销、合并或者归属其他工作部门。

37. 企业终止或者职工离休、退休、失业的，工会会员的会籍还能保留吗？

根据《工会法》第十三条的规定，被依法

撤销的工会，其会员的会籍可以继续保留，具体管理办法由中华全国总工会制定。《中国工会章程》第八条规定，会员离休、退休和失业，可保留会籍。保留会籍期间免交会费。工会组织要关心离休、退休和失业会员的生活，积极向有关方面反映他们的愿望和要求。由此可见，企业终止或者被撤销导致工会组织被相应撤销，或者职工离休、退休、失业的，职工的工会会员资格仍可以继续保留。

38. 工作关系发生变动的，会员组织关系如何转接?

《中国工会章程》第五条规定，会员组织关系随劳动（工作）关系变动，凭会员证明接转。

39. 工会会员可以退会吗?

根据《中国工会章程》第六条的规定，会员有退会自由。会员退会由本人向工会小组提出，由工会基层委员会宣布其退会并收回会员证。此外，会员没有正当理由连续六个月不交纳会费、不参加工会组织生活，经教育拒不改正，应当视为自动退会。

40. 哪些工会可以设立专职工会主席？

《工会法》第十四条规定，职工 200 人以上的企业、事业单位、社会组织的工会，可以设专职工会主席。工会专职工作人员的人数由工会与企业、事业单位、社会组织协商确定。

41. 所有的工会都具有法人资格吗？

《工会法》第十五条规定，中华全国总工会、地方总工会、产业工会具有社会团体法人资格。基层工会组织具备《民法典》规定的法人条件的，依法取得社会团体法人资格。《中国工会章程》第二十五条规定，基层工会具备法人条件，依法取得社团法人资格，工会主席为法定代表人。

根据《民法典》第五十七条、第五十八条的规定，法人是具有民事权利能力和民事行为能力，依法独立享有民事权利和承担民事义务的组织。法人应当有自己的名称、组织机构、住所、财产或者经费。《民法典》第九十一条规定，设立社会团体法人应当依法制定法人章程。社会团体法人应当设会员大会或者会员代表大会等权力机构。社会团体法人应当设理事会等执行机构。理事长或者会长等负责人按照法人章程的规定担任法定代表人。

42. 基层工会委员会、各级地方总工会委员会、产业工会委员会的任期是多久?

《工会法》第十六条规定，基层工会委员会每届任期三年或者五年。各级地方总工会委员会和产业工会委员会每届任期五年。

43. 基层工会委员会的会议制度是怎样的?

《工会法》第十七条规定，基层工会委员会定期召开会员大会或者会员代表大会，讨论决定工会工作的重大问题。经基层工会委员会或者三分之一以上的工会会员提议，可以临时召开会员大会或者会员代表大会。

44. 工会组织应当建设怎样的工会干部队伍?

《中国工会章程》第三十一条规定，各级工会组织按照革命化、年轻化、知识化、专业化的要求，努力建设一支坚持党的基本路线，熟悉本职业务，热爱工会工作，受到职工信赖的干部队伍。

45. 工会干部有哪些工作要求?

《中国工会章程》第三十二条规定，工会干部要努力做到以下几点：

（1）认真学习马克思列宁主义、毛泽东思

想、邓小平理论、“三个代表”重要思想、科学发展观、习近平新时代中国特色社会主义思想，学习政治、经济、历史、文化、科技、法律和工会业务等知识，提高政治能力，增强群众工作本领。

（2）执行党的基本路线和各项方针政策，遵守国家法律、法规，在改革开放和社会主义现代化建设中勇于开拓创新。

（3）信念坚定，忠于职守，勤奋工作，敢于担当，廉洁奉公，顾全大局，维护团结。

（4）坚持实事求是，认真调查研究，如实反映职工的意见、愿望和要求。

（5）坚持原则，不谋私利，热心为职工说话办事，依法维护职工的合法权益。

（6）作风民主，联系群众，增强群众意识和群众感情，自觉接受职工群众的批评和监督。

46. 工会组织应当如何管理工会干部？

《中国工会章程》第三十三条规定，各级工会组织根据有关规定管理工会干部，重视发现培养和选拔优秀年轻干部、女干部、少数民族干部，成为培养干部的重要基地。第三十四条规定，各级工会组织建立与健全干部培训制度。办好工会干部院校和各种培训班。

47. 工会组织应当如何支持工会干部的工作？

《中国工会章程》第三十五条规定，各级工会组织关心工会干部的思想、学习和生活，督促落实相应的待遇，支持他们的工作，坚决同打击报复工会干部的行为作斗争。县和县以上工会设立工会干部权益保障金，保障工会干部依法履行职责。县和县以上工会可以为基层工会选派、聘用工作人员。

《工会法》第五十二条规定，违反本法规定，对依法履行职责的工会工作人员无正当理由调动工作岗位，进行打击报复的，由劳动行政部门责令改正、恢复原工作；造成损失的，给予赔偿。对依法履行职责的工会工作人员进行侮辱、诽谤或者进行人身伤害，构成犯罪的，依法追究刑事责任；尚未构成犯罪的，由公安机关依照《治安管理处罚法》的规定处罚。

48. 工会主席、副主席可以被随意调动工作或罢免吗？

《工会法》第十八条规定，工会主席、副主席任期未满时，不得随意调动其工作。因工作需要调动时，应当征得本级工会委员会和上一级工会的同意。罢免工会主席、副主席必须召开会员大会或者会员代表大会讨论，非经会员大会全体会员或者会员代表大会全体代表过半数通过，不得罢免。

49.《工会法》对工会工作人员的劳动合同作了哪些保护性规定？

《工会法》第十九条规定，基层工会专职主席、副主席或者委员自任职之日起，其劳动合同期限自动延长，延长期限相当于其任职期间；非专职主席、副主席或者委员自任职之日起，其尚未履行的劳动合同期限短于任期的，劳动合同期限自动延长至任期期满。但是，任职期间个人严重过失或者达到法定退休年龄的除外。

根据《最高人民法院关于在民事审判工作中适用〈中华人民共和国工会法〉若干问题的解释》第二条的规定，人民法院审理劳动争议案件，涉及确定基层工会专职主席、副主席或者委员延长的劳动合同期限的，应当自上述人员工会职务任职期限届满之日起计算，延长的期限等于其工会职务任职的期间。

此外，根据该司法解释，《工会法》第

十九条规定中，“任职期间个人严重过失或者达到法定退休年龄的除外”，这里的“个人严重过失”，是指具有《劳动法》第二十五条第二项、第三项或者第四项规定的情形：“严重违反劳动纪律或者用人单位规章制度的”“严重失职，营私舞弊，对用人单位利益造成重大损害的”“被依法追究刑事责任的”。

50. 中国工会全国代表大会多久举行一次？能否提前或延期举行？

《中国工会章程》第十七条规定，中国工会全国代表大会，每五年举行一次，由中华全国总工会执行委员会召集。在特殊情况下，由中华全国总工会执行委员会主席团提议，经执行委员会全体会议通过，可以提前或者延期举行。代表名额和代表选举办法由中华全国总工会决定。

51. 中国工会全国代表大会的职权有哪些?

根据《中国工会章程》第十八条的规定，中国工会全国代表大会有以下职权：

（1）审议和批准中华全国总工会执行委员会的工作报告。

（2）审议和批准中华全国总工会执行委员会的经费收支情况报告和经费审查委员会的工作报告。

（3）修改《中国工会章程》。

（4）选举中华全国总工会执行委员会和经费审查委员会。

52. 中华全国总工会执行委员会的职责是什么?

《中国工会章程》第十九条规定，中华全国总工会执行委员会，在全国代表大会闭会期间，负责贯彻执行全国代表大会的决议，领导全国工会工作。执行委员会全体会议选举主席一人、副主席若干人、主席团委员若干人，组成主席团。执行委员会全体会议由主席团召集，每年至少举行一次。

53. 中华全国总工会执行委员会全体会议闭会期间，由什么机构行使其职权？

《中国工会章程》第二十条规定，中华全国总工会执行委员会全体会议闭会期间，由主席团行使执行委员会的职权。主席团全体会议，由主席召集。主席团闭会期间，由主席、副主席组成的主席会议行使主席团职权。主席会议由中华全国总工会主席召集并主持。

54. 工会的地方各级代表大会如何产生？有哪些职权？

《中国工会章程》第二十二条规定，省、自治区、直辖市，设区的市和自治州，县（旗）、自治县、不设区的市的工会代表大会，由同级总工会委员会召集，每五年举行一次。在特殊情况下，由同级总工会委员会提议，经上一级工会批准，可以提前或者延期举行。

工会的地方各级代表大会有以下职权：

（1）审议和批准同级总工会委员会的工作报告。

（2）审议和批准同级总工会委员会的经费收支情况报告和经费审查委员会的工作报告。

（3）选举同级总工会委员会和经费审查委员会。

各级地方总工会委员会，在代表大会闭会期间，执行上级工会的决定和同级工会代表大会的决议，领导本地区的工会工作，定期向上级总工会委员会报告工作。

55. 各级地方总工会常务委员会如何产生？有哪些职权？

《中国工会章程》第二十三条规定，各级地方总工会委员会选举主席一人、副主席若干人、常务委员若干人，组成常务委员会。工会委员会、常务委员会和主席、副主席以及经费审查委员会的选举结果，报上一级总工会批准。各级地方总工会委员会全体会议，每年至少举行一次，由常务委员会召集。各级地方总工会常务委员会，在委员会全体会议闭会期间，行使委员会的职权。

第三章 工会的权利和义务

56. 工会如何保障企业、事业单位、社会组织的职工依法行使民主管理权利？

《工会法》第二十条规定，企业、事业单位、社会组织违反职工代表大会制度和其他民主管理制度，工会有权要求纠正，保障职工依法行使民主管理的权利。法律、法规规定应当提交职工大会或者职工代表大会审议、通过、决定的事项，企业、事业单位、社会组织应当依法办理。

57. 在签订劳动合同、集体合同时，工会有哪些作用？

《工会法》第二十一条规定，工会帮助、

指导职工与企业、实行企业化管理的事业单位、社会组织签订劳动合同。工会代表职工与企业、实行企业化管理的事业单位、社会组织进行平等协商，依法签订集体合同。集体合同草案应当提交职工代表大会或者全体职工讨论通过。工会签订集体合同，上级工会应当给予支持和帮助。

58. 企业、事业单位、社会组织处分职工时，工会可以提出意见吗?

《工会法》第二十二条规定，企业、事业单位、社会组织处分职工，工会认为不适当的，有权提出意见。

59. 企业、事业单位、社会组织违反集体合同，侵犯职工劳动权益的，工会应当如何处理?

《工会法》第二十一条规定，企业、事业

单位、社会组织违反集体合同，侵犯职工劳动权益的，工会可以依法要求企业、事业单位、社会组织予以改正并承担责任；因履行集体合同发生争议，经协商解决不成的，工会可以向劳动争议仲裁机构提请仲裁，仲裁机构不予受理或者对仲裁裁决不服的，可以向人民法院提起诉讼。

60. 用人单位单方面解除职工劳动合同时，工会应当如何处理?

《工会法》第二十二条规定，用人单位单方面解除职工劳动合同时，应当事先将理由通知工会，工会认为用人单位违反法律、法规和有关合同，要求重新研究处理时，用人单位应当研究工会的意见，并将处理结果书面通知工会。职工认为用人单位侵犯其劳动权益而申请劳动争议仲裁或者向人民法院提起诉讼的，工会应当给予支持和帮助。

《劳动合同法》第四十三条亦规定了工会

在劳动合同解除中的监督作用：用人单位单方解除劳动合同，应当事先将理由通知工会。用人单位违反法律、行政法规规定或者劳动合同约定的，工会有权要求用人单位纠正。用人单位应当研究工会的意见，并将处理结果书面通知工会。

61. 企业、事业单位、社会组织违反劳动法律法规规定，侵犯职工劳动权益的，工会应当如何处理？

《工会法》第二十三条规定，企业、事业单位、社会组织违反劳动法律法规规定，有下列侵犯职工劳动权益情形，工会应当代表职工与企业、事业单位、社会组织交涉，要求企业、事业单位、社会组织采取措施予以改正；企业、事业单位、社会组织应当予以研究处理，并向工会作出答复；企业、事业单位、社会组织拒不改正的，工会可以提请当地人民政府依法作出处理：（1）克扣、拖欠职工工资的；

（2）不提供劳动安全卫生条件的；（3）随意延长劳动时间的；（4）侵犯女职工和未成年工特殊权益的；（5）其他严重侵犯职工劳动权益的。

62. 工会对新建、扩建企业和技术改造工程中的劳动条件和安全卫生设施如何进行监督？

《工会法》第二十四条规定，工会依照国家规定对新建、扩建企业和技术改造工程中的劳动条件和安全卫生设施与主体工程同时设计、同时施工、同时投产使用进行监督。对工会提出的意见，企业或者主管部门应当认真处理，并将处理结果书面通知工会。

63. 发现明显重大事故隐患和职业危害时，工会应当如何处理？

《工会法》第二十五条规定，工会发现企业违章指挥、强令工人冒险作业，或者生产过程中发现明显重大事故隐患和职业危害，有权提出解决的建议，企业应当及时研究答复；发现危及职工生命安全的情况时，工会有权向企业建议组织职工撤离危险现场，企业必须及时作出处理决定。

64. 发生侵犯职工权益问题或者工伤事故时，工会有权进行调查、提出处理意见吗？

《工会法》第二十六条规定，工会有权对企业、事业单位、社会组织侵犯职工合法权益的问题进行调查，有关单位应当予以协助。第二十七条规定，职工因工伤亡事故和其他严重危害职工健康问题的调查处理，必须有工会参加。工会应当向有关部门提出处理意见，并有权要求追究直接负责的主管人员和有关责任人员的责任。对工会提出的意见，应当及时研究，给予答复。

65. 企业、事业单位、社会组织发生停工、怠工等事件，工会应当如何处理？

《工会法》第二十八条规定，企业、事业单位、社会组织发生停工、怠工事件，工会应当代表职工同企业、事业单位、社会组织或者有关方面协商，反映职工的意见和要求并提出解决意见。对于职工的合理要求，企业、事业单位、社会组织应当予以解决。工会协助企业、事业单位、社会组织做好工作，尽快恢复生产、工作秩序。

66. 工会可以参加劳动争议调解、劳动争议仲裁工作吗？

《工会法》第二十九条规定，工会参加企业的劳动争议调解工作。地方劳动争议仲裁组织应当有同级工会代表参加。

67. 各级总工会可以为职工提供法律服务吗？

《工会法》第三十条规定，县级以上各级总工会依法为所属工会和职工提供法律援助等法律服务。此条为2021年修正的《工会法》新增条款。2021年8月20日颁布的《法律援助法》第六十八条规定，工会、共产主义青年团、妇女联合会、残疾人联合会等群团组织开展法律援助工作，参照适用《法律援助法》的相关规定。为了做好《工会法》与相关法律的衔接，新修正的《工会法》明确规定，县级以上各级总工会可以为所属工会和职工提供法律援助等法律服务。

《中国工会章程》第十五条规定，县和县以上各级工会组织应当建立法律服务机构，为保护职工和工会组织的合法权益提供服务。各级工会组织应当组织和代表职工开展劳动法律监督。

68. 工会应当协助用人单位做好哪些工作?

《工会法》第三十一条规定，工会协助用人单位办好职工集体福利事业，做好工资、劳动安全卫生和社会保险工作。第三十二条规定，工会会同用人单位加强对职工的思想政治引领，教育职工以国家主人翁态度对待劳动，爱护国家和单位的财产；组织职工开展群众性的合理化建议、技术革新、劳动和技能竞赛活动，进行业余文化技术学习和职工培训，参加职业教育和文化体育活动，推进职业安全健康教育和劳动保护工作。2021 年修正的《工会法》新增关于加强对职工的思想政治引领，以及开展劳动和技能竞赛活动等规定，完善了工会的工作内容。

69. 工会如何参与劳动模范和先进生产者的有关工作?

《工会法》第三十三条规定，根据政府委

托，工会与有关部门共同做好劳动模范和先进生产（工作）者的评选、表彰、培养和管理工作。

70. 工会如何参与法律法规、政策文件的制定，从源头维护好职工的合法权益？

《工会法》第三十四条规定，国家机关在组织起草或者修改直接涉及职工切身利益的法律、法规、规章时，应当听取工会意见。

县级以上各级人民政府制定国民经济和社会发展计划，对涉及职工利益的重大问题，应当听取同级工会的意见。

县级以上各级人民政府及其有关部门研究制定劳动就业、工资、劳动安全卫生、社会保险等涉及职工切身利益的政策、措施时，应当吸收同级工会参加研究，听取工会意见。

71. 各级政府如何保障工会参与政治的权利？

《工会法》第三十五条规定，县级以上地

方各级人民政府可以召开会议或者采取适当方式，向同级工会通报政府的重要的工作部署和与工会工作有关的行政措施，研究解决工会反映的职工群众的意见和要求。各级人民政府劳动行政部门应当会同同级工会和企业方面代表，建立劳动关系三方协商机制，共同研究解决劳动关系方面的重大问题。

第四章 基层工会组织

72. 国有企业职工代表大会、工会委员会的性质和作用是什么?

《工会法》第三十六条规定，国有企业职工代表大会是企业实行民主管理的基本形式，是职工行使民主管理权力的机构，依照法律规定行使职权。国有企业的工会委员会是职工代表大会的工作机构，负责职工代表大会的日常工作，检查、督促职工代表大会决议的执行。

73. 集体企业的工会委员会的作用是什么?

《工会法》第三十七条规定，集体企业的工会委员会，应当支持和组织职工参加民主管理和民主监督，维护职工选举和罢免管理人员、决定经营管理的重大问题的权力。

74. 国有企业、集体企业以外的其他企业、事业单位的工会委员会的作用是什么？

根据《工会法》第三十八条的规定，国有企业、集体企业以外的其他企业、事业单位的工会委员会，依照法律规定组织职工采取与企业、事业单位相适应的形式，参与企业、事业单位民主管理。

75. 事业单位和机关工会如何开展工作？

《中国工会章程》第二十九条规定，教育、科研、文化、卫生、体育等事业单位和机关工会，从脑力劳动者比较集中的特点出发开展工作，积极了解和关心职工的思想、工作和生活，推动党的知识分子政策的贯彻落实。组织职工搞好本单位的民主管理和民主监督，为发挥职工的聪明才智，创造良好的条件。

76. 工会基层组织的会员大会或者会员代表大会如何召开？有哪些职权？

《中国工会章程》第二十六条规定，工会基层组织的会员大会或者会员代表大会，每年至少召开一次。经基层工会委员会或者三分之一以上的工会会员提议，可以临时召开会员大会或者会员代表大会。工会会员在100人以下的基层工会应当召开会员大会。

工会会员大会或者会员代表大会有以下职权：

（1）审议和批准工会基层委员会的工作报告。

（2）审议和批准工会基层委员会的经费收支情况报告和经费审查委员会的工作报告。

（3）选举工会基层委员会和经费审查委员会。

（4）撤换或者罢免其所选举的代表或者工会委员会组成人员。

（5）讨论决定工会工作的重大问题。

77. 工会基层组织委员会的委员如何产生?

《中国工会章程》第二十七条规定，工会基层委员会的委员，应当在会员或者会员代表充分酝酿协商的基础上选举产生；主席、副主席，可以由会员大会或者会员代表大会直接选举产生，也可以由工会基层委员会选举产生。大型企业、事业单位的工会委员会，根据工作需要，经上级工会委员会批准，可以设立常务委员会。工会基层委员会、常务委员会和主席、副主席以及经费审查委员会的选举结果，报上一级工会批准。

78. 工会基层委员会的基本任务有哪些?

《中国工会章程》第二十八条规定，工会基层委员会的基本任务如下：

（1）执行会员大会或者会员代表大会的决议和上级工会的决定，主持基层工会的日常工作。

（2）代表和组织职工依照法律规定，通过职工代表大会、厂务公开和其他形式，参加本单位民主管理和民主监督，在公司制企业落实职工董事、职工监事制度。企业、事业单位工会委员会是职工代表大会工作机构，负责职工代表大会的日常工作，检查、督促职工代表大会决议的执行。

（3）参与协调劳动关系和调解劳动争议，与企业、事业单位行政方面建立协商制度，协商解决涉及职工切身利益问题。帮助和指导职工与企业、事业单位行政方面签订和履行劳动合同，代表职工与企业、事业单位行政方面签订集体合同或者其他专项协议，并监督执行。

（4）组织职工开展劳动和技能竞赛、合理化建议、技能培训、技术革新和技术协作等活动，培育工匠人才，总结推广先进经验。做好劳动模范和先进生产（工作）者的评选、表彰、培养和管理服务工作。

（5）加强对职工的政治引领和思想教育，

开展法治宣传教育，重视人文关怀和心理疏导，鼓励支持职工学习文化科学技术和管理知识，开展健康的文化体育活动。推进企业文化职工文化建设，办好工会文化、教育、体育事业。

（6）监督有关法律、法规的贯彻执行。协助和督促行政方面做好工资、安全生产、职业病防治和社会保险等方面的工作，推动落实职工福利待遇。办好职工集体福利事业，改善职工生活，对困难职工开展帮扶。依法参与生产安全事故和职业病危害事故的调查处理。

（7）维护女职工的特殊利益，同歧视、虐待、摧残、迫害女职工的现象作斗争。

（8）搞好工会组织建设，健全民主制度和民主生活。建立和发展工会积极分子队伍。做好会员的发展、接收、教育和会籍管理工作。加强职工之家建设。

（9）收好、管好、用好工会经费，管理好工会资产和工会的企业、事业。

79. 工会基层组织委员会、经费审查委员会的任期是多久？

《中国工会章程》第二十六条规定，工会基层委员会和经费审查委员会每届任期三年至五年，具体任期由会员大会或者会员代表大会决定。任期届满，应当如期召开会议，进行换届选举。在特殊情况下，经上一级工会批准，可以提前或者延期举行。会员代表大会的代表实行常任制，任期与本单位工会委员会相同。

80. 工会如何参与企业、事业单位、社会组织经营管理和发展的重大问题的研究？

根据《工会法》第三十九条的规定，企业、事业单位、社会组织研究经营管理和发展的重大问题应当听取工会的意见。企业、事业单位、社会组织应当支持工会依法开展工作，工会应当支持企业、事业单位、社会组织依法行使经营管理权。

81. 企业、事业单位、社会组织召开会议讨论涉及职工切身利益的问题时，必须有工会代表参加吗？

根据《工会法》第三十九条的规定，企业、事业单位、社会组织召开会议讨论有关工资、福利、劳动安全卫生、工作时间、休息休假、女职工保护和社会保险等涉及职工切身利益的问题，必须有工会代表参加。

82. 基层工会委员会召开会议或者组织职工活动，可以占用工作时间吗？

《工会法》第四十一条规定，基层工会委员会召开会议或者组织职工活动，应当在生产或者工作时间以外进行，需要占用生产或者工作时间的，应当事先征得企业、事业单位、社会组织的同意。基层工会的非专职委员占用生产或者工作时间参加会议或者从事工会工作，每月不超过三个工作日，其工资照发，其他待遇不受影响。

83. 用人单位工会委员会的专职工作人员的工资和保险福利待遇如何支付?

《工会法》第四十二条规定，用人单位工会委员会的专职工作人员的工资、奖励、补贴，由所在单位支付。社会保险和其他福利待遇等，享受本单位职工同等待遇。

第五章　工会的经费和财产

84. 工会经费的来源有哪些?

根据《工会法》第四十三条的规定，工会经费的来源包括:（1）工会会员缴纳的会费;（2）建立工会组织的用人单位按每月全部职工工资总额的2%向工会拨缴的经费;（3）工会所属的企业、事业单位上缴的收入;（4）人民政府的补助;（5）其他收入。前述第二项规定的企业、事业单位、社会组织拨缴的经费在税前列支。

85. 工会经费如何使用?

根据《工会法》第四十三条的规定，工会经费主要用于为职工服务和工会活动。经费使用的具体办法由中华全国总工会制定。《中国工会章程》第三十七条规定，工会经费主要用于为职工服务和开展工会活动。各级工会组织应坚持正确使用方向，加强预算管理，优化支出结构，开展监督检查。

86. 县以上各级工会如何做好工会经费收缴和拨缴工作？

《中国工会章程》第三十八条规定，县和县以上各级工会应当与税务、财政等有关部门合作，依照规定做好工会经费收缴和应当由财政负担的工会经费拨缴工作。未成立工会的企业、事业单位、机关和其他社会组织，按工资总额的2%向上级工会拨缴工会建会筹备金。备社团法人资格的工会应当依法设立独立经费账户。

87. 企业、事业单位、社会组织无正当理由拖延或者拒不拨缴工会经费的，如何处理？

《工会法》第四十四条规定，企业、事业单位、社会组织无正当理由拖延或者拒不拨缴工会经费，基层工会或者上级工会可以向当地人民法院申请支付令；拒不执行支付令的，工会可以依法申请人民法院强制执行。

根据《最高人民法院关于在民事审判工作中适用〈中华人民共和国工会法〉若干问题的解释》第三条、第四条、第五条、第七条、第八条的规定，工会组织就工会经费的拨缴向人民法院申请支付令的，有以下几点注意事项：

基层工会或者上级工会向人民法院申请支付令的，由被申请人所在地的基层人民法院管辖。

人民法院受理工会提出的拨缴工会经费的支付令申请后，应当先行征询被申请人的意见。被申请人仅对应拨缴经费数额有异议的，人民法院应当就无异议部分的工会经费数额发出支付令。

人民法院在审理涉及工会经费的案件中，需要按照《工会法》第四十三条第一款第二项规定的“全部职工”“工资总额”确定拨缴数额的，“全部职工”“工资总额”的计算，应当按照国家有关部门规定的标准执行。

根据《工会法》和《民事诉讼法》的有关规定，上级工会向人民法院申请支付令或者提起诉讼，要求企业、事业单位拨缴工会经费的，人民法院应当受理。基层工会要求参加诉讼的，人民法院可以准许其作为共同申请人或者共同原告参加诉讼。

对于企业、事业单位无正当理由拖延或者拒不拨缴工会经费的，工会组织向人民法院请求保护其权利的诉讼时效期间，适用《民法典》第一百八十八条的规定，亦即“向人民法院请求保护民事权利的诉讼时效期间为三年。法律另有规定的，依照其规定。诉讼时效期间自权利人知道或者应当知道权利受到损害以及义务人之日起计算。法律另有规定的，依照其规定。但是，自权利受到损害之日起超过二十年的，人民法院不予保护，有特殊情况的，人民法院可以根据权利人的申请决定延长”。

工会组织就工会经费的拨缴向人民法院申请支付令的，应当按照《诉讼费用交纳办法》第十四条的规定交纳申请费；督促程序终结后，工会组织另行起诉的，按照《诉讼费用交纳办法》第十三条规定的财产案件受理费标准交纳诉讼费用。

88. 如何对工会经费进行监督管理？

《工会法》第四十五条规定，工会应当根据经费独立原则，建立预算、决算和经费审查监督制度。各级工会建立经费审查委员会。各级工会经费收支情况应当由同级工会经费审查委员会审查，并且定期向会员大会或者会员代表大会报告，接受监督。工会会员大会或者会员代表大会有权对经费使用情况提出意见。工会经费的使用应当依法接受国家的监督。

89. 各级人民政府和用人单位应当为工会提供哪些物质帮助？

《工会法》第四十六条规定，各级人民政府和用人单位应当为工会办公和开展活动，提供必要的设施和活动场所等物质条件。

90. 工会资产的性质是什么？如何进行监督、管理？

《中国工会章程》第三十九条规定，工会资产是社会团体资产，中华全国总工会对各级工会的资产拥有终极所有权。各级工会依法依规加强对工会资产的监督、管理，保护工会资产不受损害，促进工会资产保值增值。根据经费独立原则，建立预算、决算、资产监管和经费审查监督制度。实行“统一领导、分级管理”的财务体制、“统一所有、分级监管、单位使用”的资产监管体制和“统一领导、分级管理、分级负责、下审一级”的经费审查监督体制。工会经费、资产的管理和使用办法以及工会经费审查监督制度，由中华全国总工会制定。

第四十条规定，各级工会委员会按照规定编制和审批预算、决算，定期向会员大会或者会员代表大会和上一级工会委员会报告经费收支和资产管理情况，接受上级和同级工会经费审查委员会审查监督。

91. 如何保护工会的财产以及所办的企业事业财产?

《工会法》第四十七条规定，工会的财产、经费和国家拨给工会使用的不动产，任何组织和个人不得侵占、挪用和任意调拨。第四十八条规定，工会所属的为职工服务的企业、事业单位，其隶属关系不得随意改变。

《中国工会章程》第四十一条规定，工会经费、资产和国家及企业、事业单位等拨给工会的不动产和拨付资金形成的资产受法律保护，任何单位和个人不得侵占、挪用和任意调拨；不经批准，不得改变工会所属企业、事业单位的隶属关系和产权关系。工会组织合并，其经费资产归合并后的工会所有；工会组织撤销或者解散，其经费资产由上级工会处置。

92. 县级以上各级工会的离休、退休人员的待遇是怎样的？

《工会法》第四十九条规定，县级以上各级工会的离休、退休人员的待遇，与国家机关工作人员同等对待。

第六章 法律责任

93. 违反《工会法》规定侵犯工会合法权益的，应当如何处理？

《工会法》第五十条规定，工会对违反本法规定侵犯其合法权益的，有权提请人民政府或者有关部门予以处理，或者向人民法院提起诉讼。

94. 阻挠职工依法参加和组织工会或者阻挠上级工会帮助、指导职工筹建工会的，应当如何处理？

《工会法》第五十一条规定，违反本法第三条、第十二条规定，阻挠职工依法参加和组织工会或者阻挠上级工会帮助、指导职工筹建工会的，由劳动行政部门责令其改正；拒不改正的，由劳动行政部门提请县级以上人民政府处理；以暴力、威胁等手段阻挠造成严重后果，构成犯罪的，依法追究刑事责任。

95. 对依法履行职责的工会工作人员进行打击报复、侮辱、诽谤的，应当如何处理？

《工会法》第五十二条规定，违反本法规定，对依法履行职责的工会工作人员无正当理由调动工作岗位，进行打击报复的，由劳动行政部门责令改正、恢复原工作；造成损失的，给予赔偿。

对依法履行职责的工会工作人员进行侮辱、诽谤或者进行人身伤害，构成侮辱罪、诽谤罪、故意伤害罪等犯罪的，依法追究刑事责任。尚未构成犯罪的，由公安机关依照《治安管理处罚法》的规定处罚。

96. 职工因参加工会活动而被解除劳动合同或者工会工作人员因履行职责而被解除劳动合同的，应当如何处理？

《工会法》第五十三条规定，违反本法规定，有下列情形之一的，由劳动行政部门责令恢复其工作，并补发被解除劳动合同期间应得的报酬，或者责令给予本人年收入二倍的赔偿：（1）职工因参加工会活动而被解除劳动合同的；（2）工会工作人员因履行本法规定的职责而被解除劳动合同的。

根据《最高人民法院关于在民事审判工作中适用〈中华人民共和国工会法〉若干问题的解释》第六条的规定，人民法院审理涉及职工和工会工作人员因参加工会活动或者履行《工会法》规定的职责而被解除劳动合同的劳动争议案件，可以根据当事人的请求裁判用人单位恢复其工作，并补发被解除劳动合同期间应得的报酬；或者根据当事人的请求裁判用人单位给予本人年收入二倍的赔偿，并根据《劳动合同法》第四十六条、第四十七条规定给予解除劳动合同时的经济补偿。

根据《劳动合同法》第四十七条的规定，经济补偿的计算方式如下：经济补偿按劳动者在本单位工作的年限，每满一年支付一个月工资的标准向劳动者支付。六个月以上不满一年的，按一年计算；不满六个月的，向劳动者支付半个月工资的经济补偿。劳动者月工资高于用人单位所在直辖市、设区的市级人民政府公布的本地区上年度职工月平均工资三倍的，向其支付经济补偿的标准按职工月平均工资三倍的数额支付，向其支付经济补偿的年限最高不超过十二年。本条所称月工资是指劳动者在劳动合同解除或者终止前十二个月的平均工资。

97. 妨碍工会组织职工依法行使民主权利的，应当如何处理？

《工会法》第五十四条规定，违反本法规

定，有下列情形之一的，由县级以上人民政府责令改正，依法处理：

（1）妨碍工会组织职工通过职工代表大会和其他形式依法行使民主权利的；

（2）非法撤销、合并工会组织的；

（3）妨碍工会参加职工因工伤亡事故以及其他侵犯职工合法权益问题的调查处理的；

（4）无正当理由拒绝进行平等协商的。

98. 侵占工会经费和财产拒不返还的，应当如何处理？

《工会法》第五十五条规定，违反本法第四十七条关于“工会的财产、经费和国家拨给工会使用的不动产，任何组织和个人不得侵占、挪用和任意调拨”的规定，侵占工会经费和财产拒不返还的，工会可以向人民法院提起诉讼，要求返还，并赔偿损失。

99. 工会工作人员损害职工或者工会权益的，应当如何处理？

《工会法》第五十六条规定，工会工作人员违反本法规定，损害职工或者工会权益的，由同级工会或者上级工会责令改正，或者予以处分；情节严重的，依照《中国工会章程》予以罢免；造成损失的，应当承担赔偿责任；构成犯罪的，依法追究刑事责任。

100. 工会会员不执行工会决议、违反工会章程的，应当如何处理？

《中国工会章程》第七条规定，对不执行工会决议、违反工会章程的会员，给予批评教育。对严重违法犯罪并受到刑事处分的会员，开除会籍。开除会员会籍，须经工会小组讨论，提出意见，由工会基层委员会决定，报上一级工会备案。

图书在版编目（CIP）数据

工会法学习百问百答／中国法制出版社编．—北京：中国法制出版社，2022.1（2022.4 重印）
ISBN 978－7－5216－2469－4

Ⅰ.①工…　Ⅱ.①中…　Ⅲ.①工会法－中国－问题解答　Ⅳ.①D922.56－44

中国版本图书馆 CIP 数据核字（2022）第 003261 号

责任编辑　秦智贤　　　　封面设计　杨鑫宇

工会法学习百问百答
GONGHUIFA XUEXI BAIWEN BAIDA

经销/新华书店
印刷/三河市紫恒印装有限公司
开本/880 毫米×1230 毫米　64 开　　　印张/1.5　字数/26 千
版次/2022 年 1 月第 1 版　　　2022 年 4 月第 4 次印刷

中国法制出版社出版
书号 ISBN 978－7－5216－2469－4　　　定价：8.00 元

北京市西城区西便门西里甲 16 号西便门办公区
邮政编码：100053　　　传真：010－63141852
网址：http：//www.zgfzs.com　　　编辑部电话：010－63141798
市场营销部电话：010－63141612　　　印务部电话：010－63141606

ISBN 978-7-5216-2469-4

定价：8.00元